Lars And The Mischievous Troll: Bilingual Norwegian-English Stories for Kids

Pomme Bilingual

Published by Pomme Bilingual, 2024.

LARS AND THE MISCHIEVOUS TROLL: BILINGUAL NORWEGIAN-ENGLISH STORIES FOR KIDS

First edition. September 28, 2024.

Copyright © 2024 Pomme Bilingual.

ISBN: 979-8227995506

Written by Pomme Bilingual.

Table of Contents

Lars og den Rampete Trollet

David var en gang, i den lille norske landsbyen Fjordby, en gutt som het Lars.

Lars var ingen vanlig gutt—han elsket eventyr. Hver dag etter skolen, mens de andre barna var opptatt med sine plikter, løp Lars til den nærliggende skogen, i håp om å oppdage noe magisk. Og i Fjordby var skogen full av historier om skjulte skatter, mystiske skapninger, og gamle legender.

En ettermiddag, da solen sank lavt på himmelen og kastet lange skygger over landsbyen, bestemte Lars seg for å utforske dypere inn i skogen enn han noen gang hadde gjort før. Han pakket sin favorittmatpakke—ost og syltetøy, en uvanlig kombinasjon, men hans absolutte favoritt—i ryggsekken og satte av sted.

Jo lenger Lars gikk, jo høyere ble trærne, og luften kjølnet. Han begynte å høre rare lyder—raslende blader, knirkende grener, og det som hørtes ut som svak latter. Nysgjerrig som alltid, fulgte Lars lydene til han snublet over en liten lysning. Midt i lysningen satt en enorm, mosegrodd stein. Men dette var ingen vanlig stein.

Plutselig beveget steinen seg!

Lars gispet da han innså at det ikke var en stein i det hele tatt—det var et troll! Et ekte, levende troll, akkurat som i historiene hans bestemor pleide å fortelle ham. Trollet var like høyt som et tre, med en stor nese som krøllet seg opp på enden, og små, glitrende øyne som virket fulle av spillopper.

"Hvem er du?" spurte Lars, stemmen hans dirret av både frykt og spenning.

Trollet gliste, og avdekket en rad med krokete tenner. "Jeg er Truls Trollet, og dette er min skog! Hva bringer en liten menneskegutt som deg så langt fra landsbyen?"

Lars nølte, men så tok nysgjerrigheten overhånd. "Jeg leter etter et eventyr! Noe spennende og morsomt."

Truls lo, og latteren hans gjallet gjennom skogen. "Åh, et eventyr, sier du? Jeg kunne selv trengt litt moro! Hva sier du til en lek? Hvis du vinner, viser jeg deg veien til det fortryllede fossefallet som gjør alt det rører til gull. Men hvis du taper, må du gi meg noe verdifullt."

Lars tenkte seg om et øyeblikk. Ideen om et gyllent fossefall hørtes fantastisk ut, men hva om han tapte? Likevel kunne han ikke motstå utfordringen. "Greit, Truls! Hva går leken ut på?"

Truls' øyne glitret av glede. "Vi skal leke en gåtelek! Jeg stiller deg tre gåter. Hvis du svarer riktig på alle, vinner du. Men hvis du svarer feil på bare én, taper du!"

Lars nikket. Han elsket gåter og var ganske flink til dem.

"Her er den første gåten," sa Truls, og lente seg nærmere. "Hva har nøkler, men kan ikke åpne låser?"

Lars tenkte seg om et øyeblikk, og så smilte han. "Et piano! Et piano har nøkler, men kan ikke åpne låser."

Truls rynket pannen, men nikket. "Greit, den klarte du. Nå til den andre gåten. Hva har et hjerte som ikke slår?"

Lars klødde seg i hodet, denne var vanskeligere. Men så husket han noe læreren hans hadde sagt i klassen. "Et hjerte som ikke slår... Det er lett! En artisjokk!"

Truls' rynker ble dypere. "Du er smartere enn jeg trodde," mumlet han. "Men la oss se om du klarer den siste."

Trollet tok et dypt pust og stilte den siste gåten. "Hva kan du holde i din høyre hånd, men aldri i din venstre?"

Lars smilte bredt. Dette var den enkleste av alle. "Din venstre hånd! Du kan holde din venstre hånd i din høyre hånd, men ikke i din venstre!"

Truls trampet med foten i frustrasjon. "Du vant, Lars! En avtale er en avtale. Jeg skal vise deg veien til det gyldne fossefallet."

Men da Lars fulgte trollet gjennom skogen, la han merke til noe rart. Trærne ble kortere, og bakken ble mykere. Til slutt kom de til en liten dam med en liten vannstrøm som rant ned fra noen steiner.

"Dette er ikke noe gyllent fossefall!" utbrøt Lars. "Du lurte meg!"

Truls brast ut i latter. "Det gjorde jeg, ja! Men du ønsket et eventyr, ikke sant? Noen ganger er moroa i reisen, ikke målet."

Lars kunne ikke annet enn å le han også. Trollet hadde rett—det hadde vært et flott eventyr. Og mens de satt ved dammen og delte Lars' ost- og syltetøysandwich, innså han at noen ganger var de beste skattene ikke gull eller juveler, men nye venner og en dag full av moro.

Fra den dagen ble Lars og Truls Trollet de beste av venner. De hadde mange flere eventyr sammen, utforsket skogene i Fjordby, løste gåter, og skapte nye historier som skulle fortelles i generasjoner fremover.

Lars and the Mischievous Troll

Once upon a time, in the small Norwegian village of Fjordby, there lived a boy named Lars.

Lars was no ordinary boy—he was the kind of boy who loved adventure. Every day after school, while the other children were busy with their chores, Lars would run to the nearby forest, hoping to discover something magical. And in Fjordby, the forest was full of stories about hidden treasures, mysterious creatures, and ancient legends.

One afternoon, as the sun dipped low in the sky, casting long shadows across the village, Lars decided to explore deeper into the forest than he had ever gone before. He packed his favorite sandwich—cheese and jam, an unusual combination but his absolute favorite—into his backpack and set off.

As Lars ventured further, the trees grew taller, and the air cooler. He began to hear strange noises—rustling leaves, creaking branches, and what sounded like faint laughter. Curious as ever, Lars followed the sounds until he stumbled upon a small clearing. In the middle of the clearing sat an enormous, moss-covered rock. But this was no ordinary rock.

Suddenly, the rock moved!

Lars gasped as he realized it wasn't a rock at all—it was a troll! A real, live troll, just like in the stories his grandmother used to tell him. The troll was as tall as a tree, with a large nose that curled up at the end, and tiny, twinkling eyes that seemed to be full of mischief.

"Who are you?" Lars asked, his voice trembling with both fear and excitement.

The troll grinned, revealing a row of crooked teeth. "I am Truls the Troll, and this is my forest! What brings a little human like you so far from the village?"

Lars hesitated, but then his curiosity got the better of him. "I'm looking for an adventure! Something exciting and fun."

Truls chuckled, his laughter echoing through the forest. "Oh, an adventure, you say? I could use some fun myself! How about we play a game? If you win, I'll show you the way to the enchanted waterfall that turns anything it touches into gold. But if you lose, you must give me something precious."

Lars thought for a moment. The idea of a golden waterfall sounded amazing, but what if he lost? Still, he couldn't resist the challenge. "Alright, Truls! What's the game?"

Truls' eyes gleamed with delight. "We'll play a game of riddles! I'll ask you three riddles. If you answer them all correctly, you win. But if you get even one wrong, you lose!"

Lars nodded. He loved riddles and was quite good at them.

"Here's the first riddle," said Truls, leaning in close. "What has keys but can't open locks?"

Lars thought for a moment, then smiled. "A piano! A piano has keys but can't open locks."

Truls frowned but nodded. "Very well, you got that one. Now for the second riddle. What has a heart that doesn't beat?"

Lars scratched his head, this one was tougher. But then he remembered something his teacher had said in class. "A heart that doesn't beat... That's easy! An artichoke!"

Truls' frown deepened. "You're smarter than I thought," he muttered. "But let's see if you can get the last one."

The troll took a deep breath and asked the final riddle. "What can you hold in your right hand but never in your left?"

Lars grinned. This was the easiest of all. "Your left hand! You can hold your left hand in your right hand, but not in your left!"

Truls stomped his foot in frustration. "You win, Lars! A deal's a deal. I'll show you the way to the golden waterfall."

But as Lars followed the troll through the forest, he noticed something strange. The trees were getting shorter, and the ground was getting softer. Finally, they reached a small pond with a trickle of water running down some rocks.

"This is no golden waterfall!" Lars exclaimed. "You tricked me!"

Truls burst into laughter. "Indeed I did! But you wanted an adventure, didn't you? Sometimes, the fun is in the journey, not the destination."

Lars couldn't help but laugh too. The troll was right—it had been a great adventure. And as they sat by the pond, sharing Lars' cheese and jam sandwich, he realized that sometimes the best treasures weren't gold or jewels, but new friends and a day full of fun.

From that day on, Lars and Truls the Troll became the best of friends. They had many more adventures together, exploring the forests of Fjordby, solving riddles, and creating new stories that would be told for generations to come.

Sigrid og Elgen

I den fredelige landsbyen Trollvik, som ligger mellom mektige fjell og glitrende fjorder, bodde det en smart og nysgjerrig jente ved navn Sigrid.

Sigrid var kjent over hele Trollvik for sine ville ideer og evnen til å rote seg bort i alle slags morsomme og trøblete situasjoner. Mens andre barn var opptatt med sine daglige gjøremål, fant Sigrid alltid en måte å gjøre det vanlige til noe ekstraordinært.

En lys og solfylt morgen, mens Sigrid spiste sin favorittfrokost—vafler med multer—overhørte hun en samtale mellom foreldrene sine. De snakket om den kommende årlige Trollvik Elgeparaden, den viktigste begivenheten i landsbyen. Hvert år pleide innbyggerne å kle seg i tradisjonelle kostymer og marsjere gjennom gatene, ledet av en stor og majestetisk elg.

Men i år var det et problem.

"Jeg hørte at gamle Jørgen, vår vanlige paradeelg, har forsvunnet," sa Sigrids mor, med bekymring i stemmen. "Uten ham kan ikke paraden gjennomføres."

Sigrids øyne gnistret av spenning. En parade uten en elg? Ikke hvis hun kunne gjøre noe med det! Hun spiste raskt opp den siste biten av vaffelen sin, tok sin trofaste ryggsekk, og løp ut døren.

"Jeg skal finne gamle Jørgen!" ropte hun til foreldrene sine mens hun løp mot skogen.

Innbyggerne hadde alltid sagt at skogen rundt Trollvik var full av magi og mystikk. Noen påsto til og med at den var hjemmet til lumske skapninger som likte å spille mennesker et puss. Men Sigrid var ikke redd—hun var fast bestemt på å bringe gamle Jørgen tilbake og redde paraden.

Etter hvert som hun trengte dypere inn i skogen, ble trærne høyere og stien smalere. Plutselig hørte Sigrid en merkelig lyd—noe som lignet en elg, men mye mer... muntert?

Hun fulgte lyden til hun kom til en lysning, og der, til sin store forbauselse, fant hun gamle Jørgen. Men han var ikke alene. Rundt ham var det en gruppe små troll, ikke større enn Sigrids tommel. De var kledd i fargerike antrekk og hadde store, runde neser og spisse ører. De danset og lo, og gamle Jørgen sto midt i det hele, klønete forsøkende å delta.

"Hva er det som skjer her?" spurte Sigrid og gikk inn i lysningen.

Trollene sluttet å danse og så på henne med store øyne. Lederen for trollene, en liten fyr med en knallrød hatt, trådte frem. "Vi mente ikke noe vondt," sa han med en pipende stemme. "Vi ville bare låne gamle Jørgen til vår egen feiring. Men han er ikke mye til danser."

Sigrid så på gamle Jørgen, som så ut til å ha det gøy til tross for sine klossete danseforsøk. Hun kunne ikke annet enn å le. "Vel, han er kanskje ikke bygd for dans, men han er perfekt for vår parade. Hele landsbyen er avhengig av ham!"

Trollene samlet seg og hvisket sammen. Etter et øyeblikk nikket lederen. "Vi visste ikke hvor viktig han var. Vi skal returnere ham til landsbyen, men på én betingelse."

Sigrid løftet et øyenbryn. "Og hva er det?"

"Vi vil også være med i paraden!" sa trolllederen, hoppende opp og ned av begeistring. "Vi har aldri vært med i en menneskeparade før, og det høres så morsomt ut!"

Sigrid tenkte over det. En parade med troll? Det ville definitivt bli den mest minneverdige paraden Trollvik noensinne hadde sett. "Avtale!" sa hun, og ristet trollens lille hånd.

Med det dannet trollene en linje bak gamle Jørgen, og sammen med Sigrid gikk de tilbake til landsbyen. Da de kom frem, kunne ikke innbyggerne tro sine egne øyne. Ikke bare hadde Sigrid funnet gamle Jørgen, men hun hadde også med seg en hel tropp av dansende troll!

Paraden det året ble den beste Trollvik noensinne hadde sett. Trollene danset og snurret rundt gamle Jørgen, som stolt ledet prosesjonen gjennom landsbyen. Innbyggerne jublet og klappet, og alle var enige om at det var det morsomste de hadde opplevd på mange år.

Etter paraden tok trollene farvel og forsvant tilbake til skogen, men ikke før de lovet å komme tilbake til neste års feiring. Når det gjaldt Sigrid, ble hun hyllet som en helt for å ha reddet paraden og brakt litt magi inn i livet til alle i Trollvik.

Og fra den dagen av, når det var en utfordring eller et mysterium i Trollvik, visste innbyggerne at de kunne stole på Sigrid og hennes smarte påfunn for å ordne opp.

Sigrid and the Moose

In the peaceful village of Trollvik, nestled between towering mountains and shimmering fjords, lived a clever and curious girl named Sigrid.

Sigrid was known throughout Trollvik for her wild ideas and knack for getting into all sorts of fun and trouble. While other children were busy with their everyday tasks, Sigrid always found a way to turn the ordinary into something extraordinary.

One bright and sunny morning, as Sigrid was eating her favorite breakfast—waffles with cloudberry jam—she overheard a conversation between her parents. They were talking about the upcoming annual Trollvik Moose Parade, the most important event in the village. Every year, the villagers would dress up in traditional costumes and parade through the streets, led by a grand and majestic moose.

But this year, there was a problem.

"I heard that Old Jørgen, our usual parade moose, has gone missing," said Sigrid's mother, her voice filled with concern. "Without him, the parade can't go on."

Sigrid's eyes sparkled with excitement. A parade without a moose? Not if she could help it! She quickly gobbled down the last of her waffle, grabbed her trusty backpack, and ran out the door.

"I'm going to find Old Jørgen!" she called out to her parents as she dashed off towards the forest.

The villagers had always said that the forest around Trollvik was full of magic and mystery. Some even claimed it was home to mischievous creatures who liked to play tricks on humans. But Sigrid wasn't afraid—she was determined to bring back Old Jørgen and save the parade.

As she ventured deeper into the woods, the trees grew taller and the path narrower. Suddenly, Sigrid heard a strange sound—something like a moose, but much more... cheerful?

She followed the sound until she came upon a clearing, and there, to her astonishment, was Old Jørgen. But he wasn't alone. Surrounding him were a group of tiny trolls, no bigger than Sigrid's thumb. They were dressed in colorful outfits and had big, round noses and pointy ears. They were dancing and laughing, and Old Jørgen was right in the middle of it all, clumsily trying to join in.

"What's going on here?" Sigrid asked, stepping into the clearing.

The trolls stopped dancing and looked at her with wide eyes. The leader of the trolls, a little fellow with a bright red hat, stepped forward. "We didn't mean any harm," he said in a high-pitched voice. "We just wanted to borrow Old Jørgen for our own celebration. But he's not much of a dancer."

Sigrid looked at Old Jørgen, who seemed to be having a good time despite his awkward attempts at dancing. She couldn't help but laugh. "Well, he's not exactly built for dancing, but he's perfect for our parade. The entire village is counting on him!"

The trolls huddled together and whispered among themselves. After a moment, the leader nodded. "We didn't realize how important he was. We'll return him to the village, but on one condition."

Sigrid raised an eyebrow. "And what's that?"

"We want to be part of the parade too!" the troll leader said, jumping up and down with excitement. "We've never been in a human parade before, and it sounds like so much fun!"

Sigrid thought about it. A parade with trolls? That would definitely be the most memorable parade Trollvik had ever seen. "Deal!" she said, shaking the troll's tiny hand.

With that, the trolls formed a line behind Old Jørgen, and together with Sigrid, they made their way back to the village. When they arrived, the villagers couldn't believe their eyes. Not only had Sigrid found Old Jørgen, but she had also brought along a whole troupe of dancing trolls!

The parade that year was the best Trollvik had ever seen. The trolls danced and twirled around Old Jørgen, who proudly led the procession through the village. The villagers cheered and clapped, and everyone agreed that it was the most fun they'd had in years.

After the parade, the trolls said their goodbyes and disappeared back into the forest, but not before promising to return for next year's celebration. As for Sigrid, she was hailed as a hero for saving the parade and bringing a bit of magic into the lives of everyone in Trollvik.

And from that day on, whenever there was a challenge or a mystery in Trollvik, the villagers knew they could count on Sigrid and her clever ways to make things right.

Oskar og Kjempens Sokker

I den lille byen Lillestrand, som ligger mellom dype fjorder og høye fjell, bodde en gutt som het Oskar.

Oskar var ingen vanlig gutt—han hadde den villeste fantasien i hele Lillestrand. Hver dag var et eventyr for ham, enten han bygde fort av furukongler eller latet som om han var en vikingkriger. Men en ting Oskar virkelig elsket, var å finne merkelige ting på de mest uventede steder.

En kjølig høstmorgen lekte Oskar i skogen bak huset sitt. Da han hoppet over en fallen tømmerstokk, fanget noe blikket hans. Liggene i en haug med blader var den største sokken han noen gang hadde sett! Den var stripete i lyse farger—rød, blå, gul og grønn—og den var stor nok til å passe på en kjempes fot!

"Wow!" utbrøt Oskar, og plukket opp sokken. "Denne må tilhøre en kjempe! Men hva gjør en kjempe i Lillestrand?"

Oppglødd over funnet sitt løp Oskar hjem for å vise sokken til sin beste venn, Ingrid. Ingrid bodde bare et stykke ned i veien og var alltid klar for et eventyr, spesielt når det involverte noe så merkelig som en kjempes sokk.

"Oskar, hvor fant du den?" spurte Ingrid, med store øyne fulle av forundring.

"I skogen! Jeg tror det er en kjempe et sted her, og vi må finne ham. Kanskje han er tapt og leter etter sokken sin," svarte Oskar.

Ingrid nikket ivrig. "La oss finne kjempen og gi ham tilbake sokken hans!"

Så satte Oskar og Ingrid i gang med sitt oppdrag å finne kjempen. De lette høyt og lavt, gjennom skogen, over markene, og til og med nede ved fjorden, men det var ingen spor etter en kjempe. Akkurat da de var i ferd med å gi opp, hørte de en lav, rumlende lyd komme fra en nærliggende ås.

"Hørte du det?" hvisket Ingrid, mens hun holdt fast på kjempesokken.

Oskar nikket. "Det må være kjempen! La oss gå!"

De to vennene klatret opp på åsen, og da de nådde toppen, så de det mest utrolige synet. Der, sittende på en stein, var den største kjempen de noen gang hadde sett! Han var enorm, med et langt skjegg og et vennlig ansikt, men han så fryktelig trist ut.

Kjempen sukket og gned sin enorme bare fot. "Åh, som jeg skulle ønske jeg kunne finne den andre sokken min. Foten min er så kald!"

Oskar og Ingrid utvekslet blikk og smilte. "Vi fant den!" ropte de i kor.

Kjempen så opp, med øynene som åpnet seg i overraskelse da han så de to små barna holde den manglende sokken hans.

"Dere fant sokken min?" brølte kjempen, med et bredt smil som spredte seg over ansiktet hans.

Oskar og Ingrid nikket og rakte kjempen sokken. "Vi fant den i skogen. Vi tenkte den måtte tilhøre deg."

Kjempen tok forsiktig imot sokken fra dem og dro den på den enorme foten sin. "Tusen takk, små venner! Jeg har lett overalt etter denne. Dere skjønner, jeg vasket sokkene mine i fjorden, og en sterk vind blåste den ene bort. Jeg har vandret rundt siden, i håp om å finne den."

Oskar lo. "Du burde skaffe deg en klessnor for å henge dem opp neste gang!"

Kjempen lo, en dyp, rumlende lyd som fikk bakken til å skjelve. "Du har rett! Jeg har aldri tenkt på det. Dere to er veldig kloke."

Ingrid smilte opp mot kjempen. "Vi er bare glade for at vi kunne hjelpe. Men hva gjør du i Lillestrand?"

Kjempens øyne glitret. "Jeg har reist fra landsby til landsby og hjulpet folk der jeg kan. Men med bare én sokk, var foten min for kald til å fortsette. Takket være dere, kan jeg fortsette reisen min!"

Før han dro, bøyde kjempen seg ned og klappet forsiktig Oskar og Ingrid på hodene. "Dere har gjort en stor gjerning i dag. Jeg vil aldri glemme deres vennlighet. Hvis dere noen gang trenger hjelp, rop bare på Ola Kjempen, så kommer jeg løpende!"

Med det reiste Ola Kjempen seg, tårnet over trærne, og med et vink forsvant han inn i fjellene, og etterlot bare ekkoene av latteren hans.

Oskar og Ingrid så etter ham, stolte over sitt eventyr. De hadde funnet en kjempes sokk, fått en ny venn, og hjulpet ham med å fortsette sin reise—alt på en dag!

Fra den dagen, når folk i Lillestrand snakket om de rare og underfulle tingene som skjedde i byen deres, nevnte de alltid den gangen da Oskar og Ingrid fant kjempens sokk. Og hver gang Oskar og Ingrid lekte i skogen, holdt de øynene åpne for flere kjempestore overraskelser.

Oskar and the Giant's Socks

In the little town of Lillestrand, nestled between deep fjords and tall mountains, lived a boy named Oskar.

Oskar was no ordinary boy—he had the wildest imagination in all of Lillestrand. Every day was an adventure for him, whether he was building forts out of pine cones or pretending to be a Viking warrior. But one thing Oskar truly loved was finding peculiar things in the most unexpected places.

One chilly autumn morning, Oskar was playing in the woods behind his house. As he jumped over a fallen log, something caught his eye. Lying in a heap of leaves was the biggest sock he had ever seen! It was striped in bright colors—red, blue, yellow, and green—and it was big enough to fit a giant's foot!

"Wow!" Oskar exclaimed, picking up the sock. "This must belong to a giant! But what's a giant doing in Lillestrand?"

Excited by his discovery, Oskar ran home to show the sock to his best friend, Ingrid. Ingrid lived just down the road and was always ready for an adventure, especially when it involved something as strange as a giant's sock.

"Oskar, where did you find that?" Ingrid asked, her eyes wide with amazement.

"In the woods! I think there's a giant somewhere around here, and we need to find him. Maybe he's lost and looking for his sock," Oskar replied.

Ingrid nodded eagerly. "Let's go find the giant and return his sock!"

So, Oskar and Ingrid set off on their giant-finding mission. They searched high and low, through the woods, across the fields, and even down by the fjord, but there was no sign of a giant. Just as they were about to give up, they heard a low, rumbling sound coming from a nearby hill.

"Did you hear that?" whispered Ingrid, clutching the giant sock tightly.

Oskar nodded. "It must be the giant! Let's go!"

The two friends climbed up the hill, and as they reached the top, they saw the most incredible sight. There, sitting on a rock, was the biggest giant they had ever seen! He was enormous, with a long beard and a kind face, but he looked terribly sad.

The giant sighed and rubbed his enormous bare foot. "Oh, how I wish I could find my other sock. My foot is so cold!"

Oskar and Ingrid exchanged a glance and grinned. "We found it!" they shouted in unison.

The giant looked up, his eyes widening in surprise as he saw the two tiny children holding his missing sock.

"You found my sock?" the giant boomed, a wide smile spreading across his face.

Oskar and Ingrid nodded and handed the giant his sock. "We found it in the woods. We figured it belonged to you."

The giant carefully took the sock from them and slipped it onto his enormous foot. "Thank you so much, little ones! I've been looking everywhere for this. You see, I was washing my socks in the fjord, and a strong wind blew one of them away. I've been wandering around ever since, hoping to find it."

Oskar chuckled. "You should get a clothesline to hang them up next time!"

The giant laughed, a deep, rumbling sound that made the ground shake. "You're right! I never thought of that. You two are very clever."

Ingrid smiled up at the giant. "We're just glad we could help. But what are you doing in Lillestrand?"

The giant's eyes twinkled. "I've been traveling from village to village, helping people wherever I can. But with only one sock, my foot was too cold to keep going. Thanks to you, I can continue my journey!"

Before he left, the giant bent down and gently patted Oskar and Ingrid on their heads. "You've done a great deed today. I'll never forget your kindness. If you ever need help, just call out for Ola the Giant, and I'll come running!"

With that, Ola the Giant stood up, towering over the trees, and with a wave, he disappeared into the mountains, leaving behind only the echoes of his laughter.

Oskar and Ingrid watched him go, feeling proud of their adventure. They had found a giant's sock, made a new friend, and helped him continue his journey—all in a day's work!

From that day on, whenever the people of Lillestrand talked about the strange and wonderful things that happened in their town, they always mentioned the time when Oskar and Ingrid found the giant's sock. And whenever Oskar and Ingrid played in the woods, they kept an eye out for more giant-sized surprises.

Astrid og den Utrolige Flyvende Fisken

I den lille kystbyen Fiskebakken, der fjellene møter havet, bodde en livlig og fantasifull jente som het Astrid. Astrid var kjent over hele byen for sin eventyrlystne ånd og evnen til å gjøre en hvilken som helst vanlig dag om til et ekstraordinært eventyr.

En lys sommermorgen lekte Astrid ved kaiene og kastet småstein utover vannet. Akkurat da hun skulle kaste en ny stein, fanget noe skinnende oppmerksomheten hennes. Flytende nær overflaten av vannet var en flaske med et papir inni.

Nysgjerrig fisket Astrid flasken opp av vannet og trakk ut korken. Inni var det et brev, skrevet med den vakreste håndskriften hun noensinne hadde sett. Det stod:

"Kjære finner av dette brevet,

Jeg er i desperat behov for hjelp. Jeg har blitt fanget av den onde Kaptein Svartskjegg og tatt med til hans hemmelige skjulested på den andre siden av Stormfjellet. Bare noen så modige som deg kan redde meg. Vær så snill, skynd deg!

Med håp,

Prins Erling"

Astrids hjerte banket av spenning. En ekte prins i fare? Og hun var den utvalgte til å redde ham? Dette var det eventyret hun alltid hadde drømt om!

Uten å kaste bort et øyeblikk, pakket Astrid sekken sin med nødvendigheter—en sandwich, en flaske vann, og selvfølgelig hennes lykkekompass. Hun løp til sin beste venn, Magnus, som bodde bare et stykke opp bakken.

"Magnus, vi må ut på eventyr!" ropte Astrid idet hun stormet inn døren.

Magnus, som var midt i å bygge en modellbåt, så overrasket opp. "Hva slags eventyr?"

Astrid viste ham brevet. "Vi må redde Prins Erling fra den onde Kaptein Svartskjegg! Er du med?"

Magnus' øyne ble store da han leste brevet. "Dette høres farlig ut... men også veldig spennende! Jeg er med!"

De to vennene satte straks avgårde mot det mektige Stormfjellet. Reisen var lang og farefull, med bratte klipper og dype raviner, men Astrid og Magnus var fast bestemte. De klatret høyere og høyere til de nådde den andre siden av fjellet.

Da de kikket over kanten av en klippe, så de noe forbløffende—Kaptein Svartskjeggs hemmelige skjulested var ikke bare en vanlig hule. Det var et gigantisk skipsvrak som satt fast i fjellsiden! Skipets seil var fillete, og dets sorte flagg flagret truende i vinden.

"Dette må være det," hvisket Magnus. "Men hvordan kommer vi oss inn?"

Akkurat da, passerte en skygge over dem. Da de så opp, gispet Astrid. Svevende over dem var det merkeligste hun noen gang hadde sett—en fisk, men ikke en hvilken som helst fisk. Denne hadde vinger som en fugl, og den fløy gjennom luften som om det var det mest naturlige i verden!

Den flyvende fisken sirklet rundt dem, før den landet på en stein i nærheten. Den åpnet munnen og snakket med en stemme så klar som en klokke. "Jeg er Gullveig, vokteren av himmelen. Jeg har fulgt med på dere, Astrid og Magnus. Jeg vet at dere er her for å redde Prins Erling. Jeg kan hjelpe dere med å nå Kaptein Svartskjeggs skjulested."

Astrid og Magnus var for målløse til å snakke, men de nikket raskt.

"Klatre opp på ryggen min," instruerte Gullveig. "Hold dere fast."

Med en blanding av spenning og nervøsitet klatret Astrid og Magnus opp på Gullveigs rygg. Fisken slo med vingene og steg til værs, og bar dem mot skipsvraket.

Da de nærmet seg skjulestedet, fløy Gullveig lavt, nært fjellets overflate. "Dere må være raske," sa Gullveig. "Kaptein Svartskjegg har mange feller, men jeg skal lede dere."

Den flyvende fisken landet forsiktig på dekket av skipsvraket, og Astrid og Magnus hoppet av. Skipet knirket og stønnet mens de beveget seg over dekket, med Gullveig i spissen.

De kom frem til kapteinens kahytt, hvor en stor, rusten hengelås sperret døren. Magnus tok frem en hårnål fra lommen—et triks han hadde lært av sin bestemor—og innen sekunder klikket låsen opp.

De stormet inn i kahytten, og der, sittende på en haug med skatter, var Prins Erling! Han så opp i overraskelse, hans gyldne hår glitret i det svake lyset. "Dere fant meg!" utbrøt han, og spratt opp på føttene.

Men før de rakk å feire, smalt døren igjen, og en dyp, truende latter fylte kahytten. Kaptein Svartskjegg dukket opp, hans øyne glitret ondskapsfullt. "Så, dere tror dere bare kan ta min fange og dra?" knurret han. "Det tror jeg ikke!"

Astrid, som tenkte raskt, trakk frem sitt lykkekompass. "Slipp oss ut, ellers vil du angre!" ropte hun, og pekte kompasset mot kapteinen som om det var et magisk våpen.

Kaptein Svartskjegg nølte, tydelig usikker på om han skulle være redd eller underholdt. Før han rakk å bestemme seg, stupte Gullveig inn, slo med vingene så det dundret, og slo kapteinen overende.

"Nå, løp!" ropte Gullveig.

Astrid, Magnus, og Prins Erling løp ut av kahytten og tilbake til dekket. Gullveig spredte vingene sine brede. "Klatre opp! Fort!"

De klatret opp på fiskenes rygg, og med et kraftig hopp, tok Gullveig til værs. Kaptein Svartskjegg brølte av sinne nedenfor, men det var ingenting han kunne gjøre mens Gullveig fløy over fjellet og tilbake mot Fiskebakken.

Da de landet trygt i byen, samlet landsbyboerne seg rundt, forbløffet over synet av den flyvende fisken og den reddede prinsen. Prins Erling takket Astrid og Magnus for deres tapperhet og inviterte dem til å besøke slottet hans når de ville.

Når det gjelder Gullveig, ble den flyvende fisken byens store samtaleemne. Av og til dukket den opp over Fiskebakken, og barna vinket og jublet, vel vitende om at et sted der oppe, ventet alltid et nytt eventyr.

Og Astrid? Vel, hun hadde reddet en prins, fløyet på en magisk fisk, og overlistet en piratkaptein—alt før middag. Men hun visste at neste eventyr lå like rundt hjørnet, og hun kunne knapt vente med å se hva det ville bli.

Astrid and the Incredible Flying Fish

In the small coastal town of Fiskebakken, where the mountains meet the sea, lived a lively and imaginative girl named Astrid. Astrid was known throughout the town for her adventurous spirit and her ability to turn the most ordinary day into an extraordinary adventure.

One bright summer morning, Astrid was playing by the docks, skipping stones across the water. As she was about to throw another stone, something shiny caught her eye. Floating near the surface of the water was a bottle with a piece of paper inside.

Curious, Astrid fished the bottle out of the water and uncorked it. Inside was a letter, written in the most beautiful handwriting she had ever seen. It read:

"Dear Finder of This Letter,

I am in desperate need of help. I have been captured by the wicked Captain Svartskjegg and taken to his secret hideout on the far side of Mount Storm. Only someone as brave as you can rescue me. Please hurry!

Yours hopefully,

Prins Erling"

Astrid's heart raced with excitement. A real-life prince in danger? And she was the one chosen to save him? This was the adventure she had always dreamed of!

Without wasting a moment, Astrid packed her backpack with supplies—a sandwich, a bottle of water, and, of course, her lucky compass. She ran to her best friend, Magnus, who lived just up the hill.

"Magnus, we have to go on an adventure!" Astrid shouted as she burst through the door.

Magnus, who was in the middle of building a model ship, looked up in surprise. "What kind of adventure?"

Astrid showed him the letter. "We have to rescue Prince Erling from the evil Captain Svartskjegg! Are you with me?"

Magnus's eyes widened as he read the letter. "This sounds dangerous... but also really exciting! I'm in!"

The two friends set off at once, heading towards the towering Mount Storm. The journey was long and treacherous, with steep cliffs and deep ravines, but Astrid and Magnus were determined. They climbed higher and higher until they reached the far side of the mountain.

As they peered over the edge of a cliff, they saw something astonishing—Captain Svartskjegg's secret hideout was not just any old cave. It was a giant shipwreck lodged in the side of the mountain! The ship's sails were tattered, and its black flag fluttered ominously in the wind.

"This must be it," whispered Magnus. "But how do we get inside?"

Just then, a shadow passed over them. Looking up, Astrid gasped. Hovering above them was the strangest thing she had ever seen—a fish, but not just any fish. This one had wings like a bird, and it was flying through the air as if it were the most natural thing in the world!

The flying fish circled around them, then landed on a rock nearby. It opened its mouth and spoke in a voice as clear as a bell. "I am Gullveig, the guardian of the skies. I've been watching you, Astrid and Magnus. I know you are here to save Prince Erling. I can help you reach Captain Svartskjegg's hideout."

Astrid and Magnus were too stunned to speak, but they quickly nodded.

"Climb on my back," Gullveig instructed. "Hold on tight."

With a mixture of excitement and nervousness, Astrid and Magnus climbed onto Gullveig's back. The fish flapped its wings and soared into the sky, carrying them towards the shipwreck.

As they approached the hideout, Gullveig flew low, skimming the surface of the mountain. "You'll need to be quick," Gullveig said. "Captain Svartskjegg has many traps, but I will guide you."

The flying fish landed gently on the deck of the shipwreck, and Astrid and Magnus hopped off. The ship creaked and groaned as they made their way across the deck, Gullveig leading the way.

They reached the captain's cabin, where a large, rusty padlock barred the door. Magnus pulled out a hairpin from his pocket—a trick he had learned from his grandmother—and within seconds, the lock clicked open.

They burst into the cabin, and there, sitting on a pile of treasure, was Prince Erling! He looked up in surprise, his golden hair shimmering in the dim light. "You found me!" he exclaimed, jumping to his feet.

But before they could celebrate, the door slammed shut, and a deep, menacing laugh echoed through the cabin. Captain Svartskjegg appeared, his eyes gleaming with malice. "So, you think you can just take my prisoner and leave?" he snarled. "I don't think so!"

Astrid, thinking quickly, pulled out her lucky compass. "Let us go, or you'll regret it!" she shouted, pointing the compass at the captain as if it were a magical weapon.

Captain Svartskjegg hesitated, clearly unsure whether to be scared or amused. Before he could make up his mind, Gullveig swooped in, flapping its wings furiously, and knocked the captain off his feet.

"Now, run!" Gullveig urged.

Astrid, Magnus, and Prince Erling dashed out of the cabin and back onto the deck. Gullveig spread its wings wide. "Climb on! Quickly!"

They scrambled onto the fish's back, and with a powerful leap, Gullveig took to the skies. Captain Svartskjegg roared in anger from below, but there was nothing he could do as Gullveig soared over the mountain and back towards Fiskebakken.

When they landed safely in town, the villagers gathered around, amazed at the sight of the flying fish and the rescued prince. Prince Erling thanked Astrid and Magnus for their bravery and invited them to visit his castle whenever they wished.

As for Gullveig, the flying fish became the talk of the town. Every now and then, it would appear above Fiskebakken, and the children would wave and cheer, knowing that somewhere up there, adventure was always waiting.

And Astrid? Well, she had saved a prince, flown on a magical fish, and outwitted a pirate captain—all before dinner time. But she knew that the next adventure was just around the corner, and she couldn't wait to see what it would be.

Elias og den rampete elgen

———

I den stille landsbyen Vikøyri, som lå mellom høye fjell og glitrende fjorder, bodde en gutt som het Elias. Elias var en nysgjerrig og oppfinnsom gutt, alltid på jakt etter noe nytt og spennende å gjøre. Men ingenting kunne ha forberedt ham på eventyret som snart skulle utspille seg.

En klar høstmorgen, da den første frosten dekket bakken, var Elias på vei til skolen. Han tok sin vanlige snarvei gjennom skogen, nynnet en melodi og sparket i bladene mens han gikk. Men i dag var det noe annerledes. Han la merke til at skogen var uvanlig stille—altfor stille.

Plutselig var det en høy rasling i buskene. Elias stivnet til, hjertet hans banket hardt i brystet. Ut av krattet snublet en stor elg, men ikke hvilken som helst elg. Denne hadde noe merkelig festet til geviret—et par knallrøde underbukser!

Elias kunne ikke tro sine egne øyne. "Hva i all verden...?" mumlet han.

Elgen, som la merke til Elias, stirret tilbake på ham med store, rampete øyne. Så, uten forvarsel, satte den i full fart nedover stien, dundrende gjennom trærne på vei rett mot landsbyen.

Elias nølte ikke. Han grep ryggsekken sin og sprang etter elgen. "Stopp! Kom tilbake!" ropte han, mens han lo mens han løp. Synet av en elg med underbukser på hodet var for latterlig til ikke å følge etter.

Elgen ledet Elias på en vill jakt gjennom Vikøyri. Den stormet forbi bakeriet og skremte gamle fru Hansen, som mistet et brett med ferske kanelboller. Den hoppet over markedsbodene, og sendte epler og gulrøtter flyvende i alle retninger. Landsbybeboerne så forbauset på mens elgen galopperte gjennom torget, med Elias like bak.

Til slutt skled elgen til stopp foran skolen. Den så seg forvirret rundt, ristet deretter voldsomt på geviret. De røde underbuksene fløy av og landet rett på toppen av skolens flaggstang!

Elias brøt ut i latter, mens elgen, nå fri for sitt uvanlige hodeplagg, trasket av gårde inn i skogen som om ingenting hadde skjedd.

Nå hadde det samlet seg en folkemengde, inkludert Elias' lærer, herr Lund. "Elias, hva i all verden skjer?" spurte han, og prøvde å holde et alvorlig ansikt mens han så opp på flaggstangen.

Elias tørket bort lattertårer og pekte på den bortgående elgen. "Det er ikke min feil, herr Lund! Elgen... den hadde på seg underbukser!"

Landsbybeboerne brast ut i latter, og snart snakket hele byen om elgen og dens underlige klesvalg. Lokalavisen kjørte til og med en forsidehistorie: "Rampete elg forårsaker kaos i Vikøyri!"

Men mysteriet gjensto—hvor kom de røde underbuksene fra?

Dagen etter bestemte Elias seg for å undersøke. Han fulgte sine skritt gjennom skogen, på jakt etter spor. Nær stedet der han først hadde sett elgen, fant han en liten hytte skjult blant trærne. Røyk krøllet seg fra pipa, og da Elias nærmet seg, la han merke til noe merkelig—en klessnor hang utenfor, med et enkelt par underbukser som manglet.

Elias banket på døra, og et øyeblikk senere åpnet en høy, skjeggete mann den. "Ja? Kan jeg hjelpe deg?" spurte mannen og hevet et øyenbryn ved synet av Elias.

"Eh, har du tilfeldigvis mistet et par røde underbukser?" spurte Elias, og prøvde å skjule et smil.

Mannens øyne utvidet seg i forståelse, og han brøt ut i en rungende latter. "Ah, så det er der de har blitt av! Jeg hang dem til tørk her i går, og da jeg kom tilbake, var de borte. Jeg trodde vinden hadde tatt dem, men det ser ut til at jeg hadde en veldig frekk besøkende i stedet."

Elias forklarte hva som hadde skjedd i landsbyen, og mannen lo enda høyere. "Vel, den elgen har tydeligvis humor! Takk for at du løste mysteriet, unge mann."

Mannen ga Elias en liten treskulptur av en elg som takk. "Ta denne som et minne om ditt eventyr," sa han med et blunk.

Elias returnerte til landsbyen og viste stolt frem sin nye elgskulptur. Historien om den rampete elgen ble en lokal legende, og Elias ble dagens helt.

Og hva med elgen? Den ble aldri sett med underbukser igjen, men hver gang Elias gikk gjennom skogen, kunne han ikke unngå å forestille seg at et sted, dypt inne i skogen, sto elgen og humret for seg selv.

Elias and the Mischievous Moose

In the quiet village of Vikøyri, nestled between tall mountains and shimmering fjords, lived a boy named Elias. Elias was a curious and clever child, always looking for something new and exciting to do. But nothing could have prepared him for the adventure that was about to unfold.

One crisp autumn morning, as the first frost dusted the ground, Elias was walking to school. He took his usual shortcut through the forest, humming a tune and kicking up leaves as he went. But today, something was different. He noticed the forest was unusually quiet—too quiet.

Suddenly, there was a loud rustling in the bushes. Elias froze, his heart pounding in his chest. Out of the underbrush stumbled a large moose, but not just any moose. This one had something strange stuck to its antlers—a pair of bright red underpants!

Elias couldn't believe his eyes. "What in the world...?" he muttered.

The moose, noticing Elias, stared back at him with wide, mischievous eyes. Then, without warning, it bolted down the path, crashing through the trees and heading straight towards the village.

Elias didn't hesitate. He grabbed his backpack and sprinted after the moose. "Stop! Come back!" he yelled, laughing as he ran.

The sight of a moose wearing underpants was too ridiculous not to follow.

The moose led Elias on a wild chase through Vikøyri. It dashed past the bakery, startling old Mrs. Hansen, who dropped a tray of fresh cinnamon buns. It leaped over the market stalls, sending apples and carrots flying in all directions. The villagers watched in shock as the moose galloped through the town square, with Elias close behind.

Finally, the moose skidded to a stop in front of the school. It looked around, seemingly confused, then shook its antlers furiously. The red underpants flew off and landed right on top of the school's flagpole!

Elias doubled over with laughter, while the moose, now free of its unusual headgear, trotted off into the forest as if nothing had happened.

By now, a crowd had gathered, including Elias's teacher, Mr. Lund. "Elias, what on earth is going on?" he asked, trying to keep a straight face as he looked up at the flagpole.

Elias wiped away tears of laughter and pointed at the retreating moose. "It's not my fault, Mr. Lund! The moose... it was wearing underpants!"

The villagers burst into laughter, and soon the whole town was talking about the moose and its peculiar choice of fashion. The local newspaper even ran a front-page story: "Mischievous Moose Causes Chaos in Vikøyri!"

But the mystery remained—where did the red underpants come from?

The next day, Elias decided to investigate. He retraced his steps through the forest, looking for clues. Near the spot where he first saw the moose, he found a small cabin hidden among the trees. Smoke was curling from the chimney, and as Elias approached, he noticed something strange—a clothesline hung outside, with a single pair of underpants missing.

Elias knocked on the door, and a moment later, a tall, bearded man opened it. "Yes? Can I help you?" the man asked, raising an eyebrow at the sight of Elias.

"Um, did you happen to lose a pair of red underpants?" Elias asked, trying to hide a smile.

The man's eyes widened in realization, and he let out a hearty laugh. "Ah, so that's where they went! I was drying them out here yesterday, and when I came back, they were gone. I thought the wind had taken them, but it seems I had a very cheeky visitor instead."

Elias explained what had happened in the village, and the man laughed even harder. "Well, that moose certainly has a sense of humor! Thank you for solving the mystery, young man."

The man gave Elias a small wooden carving of a moose as a thank-you gift. "Take this as a reminder of your adventure," he said with a wink.

Elias returned to the village, proudly showing off his new moose carving. The story of the mischievous moose became a local legend, and Elias was the hero of the day.

And as for the moose? It was never seen wearing underpants again, but whenever Elias walked through the forest, he couldn't help but imagine that somewhere, deep in the woods, that moose was still chuckling to itself.

Olav og Den Enorme Enigmaen

———

Det var en gang i den livlige byen Bergen, som lå mellom de bølgende åsene og de glitrende fjordene, en gutt ved navn Olav. Olav var et lyst og fantasifullt barn, som alltid kom opp med de mest ekstraordinære ideer. Men til tross for sin grenseløse kreativitet, hadde han ett stort problem—han var fryktelig lei.

Du skjønner, Bergen var vanligvis full av liv og spenning, spesielt under fiskemarkedsdagene, men denne spesielle uken var været så forferdelig at alle holdt seg innendørs. Regnet pøste ned i strie strømmer, og vinden ulte som en flokk sultne ulver. Så, uten noe bedre å gjøre, tilbrakte Olav dagene sine stirrende ut av vinduet, håpende på at noe—hva som helst—skulle skje.

En dyster ettermiddag, akkurat da Olav var i ferd med å gi opp håpet, hørte han plutselig en bank på døren. Olav løp for å åpne den, og til sin overraskelse, sto hans eksentriske onkel Trygve der, gjennomvåt fra topp til tå, med en gigantisk, mystisk eske i hendene.

"Olav, gutten min!" brølte onkel Trygve, mens han ristet av seg regnet som en hund etter et bad. "Jeg trenger din hjelp med noe veldig viktig!"

Olavs øyne ble store. "Hva er det, onkel Trygve?"

Onkel Trygve smilte bredt, og avslørte et tannfullt smil. "Dette," sa han og klappet på den enorme esken, "er et puslespill utenom det vanlige. Det er en enigma—et mysterium som bare de skarpeste sinn kan løse. Og jeg tror at du, Olav, er akkurat den personen som kan knekke det!"

Olavs kjedsomhet forsvant på et øyeblikk, erstattet av en bølge av spenning. Han kunne ikke vente med å se hva som var inne i esken.

Med en dramatisk bevegelse løftet onkel Trygve lokket på esken, og avslørte... absolutt ingenting.

Olav blinket forvirret. "Men onkel Trygve, esken er tom!"

"Ah, der tar du feil, gutten min," sa onkel Trygve med et glimt i øyet. "Dette er ingen vanlig eske. Dette er en Tenkeboks. For å løse enigmaen må du bruke fantasien din."

Olavs nysgjerrighet ble vekket. Han stirret inn i den tomme esken, undrende på hva slags puslespill som krevde ingenting annet enn fantasi. Så husket han alle historiene moren hans hadde fortalt om magiske skapninger og skjulte skatter, og en idé begynte å ta form i hodet hans.

"Onkel Trygve," sa Olav sakte, "hva om esken faktisk er en portal? En portal til en hemmelig verden som bare vi kan se?"

Onkel Trygve klappet i hendene av begeistring. "Akkurat, Olav! Nå tenker du som en ekte enigma-løser! Men husk, denne verdenen er ikke hvilken som helst verden—det er en verden fylt med utfordringer og gåter. Er du klar for eventyret?"

Olav nikket ivrig. "Jeg er klar, onkel Trygve!"

Og slik, med fantasien i fyr og flamme, steg Olav og onkel Trygve inn i Tenkeboksen. Plutselig forvandlet verden rundt dem seg. Husets vegger falmet bort, erstattet av en vidstrakt, mystisk skog, fylt med tårnhøye trær og glitrende bekker. Luften var tykk med duften av furu og lyden av raslende blader.

Da de våget seg dypere inn i skogen, møtte de sin første utfordring—en massiv steinvegg dekket med merkelige symboler. Olav studerte symbolene nøye, og forsøkte å tyde deres mening.

"Disse symbolene ser ut som runer," funderte Olav. "Kanskje de forteller oss en hemmelig beskjed?"

Onkel Trygve nikket. "Godt tenkt, Olav. Men hva kan beskjeden være?"

Olav tenkte et øyeblikk, før han plutselig fikk en idé. "Hva om vi omarrangerer runene til å stave et ord?"

Med onkel Trygves hjelp omarrangerte Olav forsiktig runene til de dannet ordet "Vennskap." Så snart ordet var fullført, begynte steinveggen å smuldre, og avslørte en skjult sti som ledet videre inn i skogen.

"Godt gjort, Olav!" utbrøt onkel Trygve. "Men enigmaen er ikke løst ennå. Vi må fortsette."

De fortsatte på reisen, og møtte den ene utfordringen etter den andre. De lurte en snakkende rev som prøvde å narre dem med gåter, krysset en skrøpelig bro bevoktet av et grettent troll, og løste til og med en komplisert mattesnøtt presentert av en klok gammel ugle.

Til slutt, etter det som føltes som timer med eventyr, nådde de skogens hjerte, hvor de fant en liten, glitrende dam. Midt i dammen lå en vakker, glødende nøkkel, svevende like utenfor rekkevidde.

"Dette må være det siste stykket av enigmaen," sa Olav, med øynene strålende av besluttsomhet.

"Men hvordan får vi tak i nøkkelen?" spurte onkel Trygve, mens han klødde seg i hodet.

Olav tenkte hardt, og smilte så. "Svaret har vært med oss hele tiden. Vi trenger bare å tro på oss selv og hverandre."

Sammen strakte Olav og onkel Trygve seg mot nøkkelen, og til deres forbauselse svevde den forsiktig inn i hendene deres. Så snart de rørte ved den, begynte verden rundt dem å løse seg opp, og de fant seg tilbake i Olavs stue, med Tenkeboksen lukket ved føttene deres.

"Du gjorde det, Olav!" jublet onkel Trygve. "Du løste enigmaen!"

Olav strålte av stolthet. "Men jeg kunne ikke ha gjort det uten deg, onkel Trygve. Nøkkelen var å tro på oss selv og å jobbe sammen."

Onkel Trygve rufset Olav kjærlig i håret. "Du har helt rett, gutten min. Og husk, de største eventyrene er de vi skaper med fantasien vår."

Fra den dagen var Olav aldri mer lei. Når været var trist eller dagene føltes lange, visste han at alt han trengte å gjøre var å åpne Tenkeboksen og la fantasien ta ham med på enda et ekstraordinært eventyr.

Og hvem vet? Kanskje du også har en Tenkeboks som bare venter på å bli åpnet.

Olav and the Enormous Enigma

Once upon a time, in the lively city of Bergen, nestled between the rolling hills and the sparkling fjords, lived a boy named Olav. Olav was a bright and imaginative child, always coming up with the most extraordinary ideas. But despite his boundless creativity, he had one big problem—he was terribly bored.

You see, Bergen was usually bustling with excitement, especially during the fish market days, but on this particular week, the weather was so dreadful that everyone stayed indoors. The rain poured down in sheets, and the wind howled like a pack of hungry wolves. So, with nothing better to do, Olav spent his days staring out the window, hoping for something—anything—to happen.

One gloomy afternoon, just as Olav was about to give up hope, there was a sudden knock on the door. Olav rushed to open it, and to his surprise, there stood his eccentric Uncle Trygve, drenched from head to toe, with a gigantic, mysterious box in his hands.

"Olav, my boy!" Uncle Trygve boomed, shaking the rain off like a dog after a swim. "I need your help with something very important!"

Olav's eyes widened. "What is it, Uncle Trygve?"

Uncle Trygve grinned, revealing a toothy smile. "This," he said, tapping the enormous box, "is a puzzle unlike any other. It's an enigma—a mystery that only the cleverest minds can solve. And I believe you, Olav, are just the person to crack it!"

Olav's boredom vanished in an instant, replaced by a surge of excitement. He couldn't wait to see what was inside the box.

With a dramatic flourish, Uncle Trygve lifted the lid of the box, revealing... absolutely nothing.

Olav blinked in confusion. "But Uncle Trygve, the box is empty!"

"Ah, that's where you're wrong, my boy," Uncle Trygve said with a wink. "This is no ordinary box. This is a Thinking Box. To solve the enigma, you must use your imagination."

Olav's curiosity was piqued. He stared into the empty box, wondering what kind of puzzle required nothing but imagination. Then, he remembered all the stories his mother had told him about magical creatures and hidden treasures, and an idea began to form in his mind.

"Uncle Trygve," Olav said slowly, "what if the box is actually a portal? A portal to a secret world that only we can see?"

Uncle Trygve clapped his hands in delight. "Exactly, Olav! Now you're thinking like a true enigma solver! But remember, this world isn't just any world—it's a world filled with challenges and riddles. Are you ready for the adventure?"

Olav nodded eagerly. "I'm ready, Uncle Trygve!"

And so, with their imaginations ignited, Olav and Uncle Trygve stepped into the Thinking Box. Suddenly, the world around them transformed. The walls of the house faded away, replaced by a vast, mysterious forest, filled with towering trees and shimmering streams. The air was thick with the scent of pine and the sound of rustling leaves.

As they ventured deeper into the forest, they encountered their first challenge—a massive stone wall covered in strange symbols. Olav studied the symbols closely, trying to decipher their meaning.

"These symbols look like runes," Olav mused. "Maybe they're telling us a secret message?"

Uncle Trygve nodded. "Good thinking, Olav. But what could the message be?"

Olav thought for a moment, then suddenly had an idea. "What if we rearrange the runes to spell out a word?"

With Uncle Trygve's help, Olav carefully rearranged the runes until they formed the word "Friendship." As soon as the word was complete, the stone wall began to crumble, revealing a hidden path leading further into the forest.

"Well done, Olav!" Uncle Trygve exclaimed. "But the enigma isn't solved yet. We must keep going."

They continued on their journey, facing one challenge after another. They outsmarted a talking fox who tried to trick them with riddles, crossed a rickety bridge guarded by a grumpy troll, and even solved a complex math puzzle presented by a wise old owl.

Finally, after what felt like hours of adventuring, they reached the heart of the forest, where they found a small, sparkling pond. In the middle of the pond was a beautiful, glowing key, floating just out of reach.

"This must be the final piece of the enigma," Olav said, his eyes shining with determination.

"But how do we get the key?" Uncle Trygve asked, scratching his head.

Olav thought hard, then smiled. "The answer has been with us all along. We just need to believe in ourselves and each other."

Together, Olav and Uncle Trygve reached out towards the key, and to their amazement, it floated gently into their hands. As soon as they touched it, the world around them began to dissolve, and they found themselves back in Olav's living room, with the Thinking Box closed at their feet.

"You did it, Olav!" Uncle Trygve cheered. "You solved the enigma!"

Olav beamed with pride. "But I couldn't have done it without you, Uncle Trygve. The key was believing in ourselves and working together."

Uncle Trygve ruffled Olav's hair affectionately. "You're absolutely right, my boy. And remember, the greatest adventures are the ones we create with our imaginations."

From that day on, Olav was never bored again. Whenever the weather was dreary or the days seemed long, he knew that all he had to do was open the Thinking Box and let his imagination take him on another extraordinary adventure.

And who knows? Maybe you have a Thinking Box of your own, just waiting to be opened.

Marius og Skjæra

Det var en gang, i en liten landsby som lå mellom de høye fjellene og de dype blå fjordene i Norge, at det bodde en gutt som het Marius. Marius var en nysgjerrig og smart gutt, kjent over hele landsbyen for sin kjærlighet til eventyr og sin evne til å havne i trøbbel. Han hadde et hode fullt av ville ideer, et hjerte fullt av mot, og en bestevenn som het Ingrid, som var like dristig som han.

En solrik morgen, mens Marius utforsket skogen nær hjemmet sitt, hørte han en merkelig rasling fra buskene. Som den nysgjerrige gutten han var, kunne Marius ikke motstå å undersøke det. Han skjøv greinene til side og oppdaget en stor, skinnende gjenstand halvt begravd i jorden.

"Hva i all verden er dette?" undret Marius høyt mens han dro gjenstanden fri. Det var en fantastisk sølvnøkkel, glitrende i sollyset. Men det var ikke en hvilken som helst nøkkel—denne hadde intrikate mønstre gravert over det hele, med små symboler som Marius aldri hadde sett før.

Akkurat da Marius skulle vise nøkkelen til Ingrid, hørtes en høy krah gjennom trærne. Marius skvatt og så opp for å se en skjære som stupte ned mot ham. Fuglen, med sine glinsende svarte og hvite fjær, landet rett på Marius sin skulder og vippet hodet nysgjerrig på nøkkelen i hånden hans.

"Heisann," sa Marius, mens han prøvde å holde stemmen rolig. Han hadde hørt historier om skjærer—hvordan de elsket skinnende ting og alltid havnet i trøbbel. "Hva vil du med denne nøkkelen?"

Skjæra krahet igjen, som om den svarte ham, og så, rask som lynet, nappet den nøkkelen ut av hånden til Marius og fløy av sted opp i himmelen.

"Hei! Kom tilbake hit!" ropte Marius, men skjæra var allerede en prikk i det fjerne.

Bestemt på å få nøkkelen tilbake, løp Marius gjennom landsbyen og ropte etter Ingrid. Han fant henne ved den gamle mølla, der hun prøvde å fange frosker ved bekken.

"Ingrid! Du vil ikke tro hva som nettopp skjedde!" peset Marius, andpusten etter å ha løpt. Han forklarte raskt hvordan han hadde funnet den mystiske nøkkelen og hvordan skjæra hadde stjålet den.

"En skjære, sier du?" sa Ingrid, med øynene vidåpne av spenning. "Dette høres ut som starten på et eventyr!"

De to vennene satte straks etter skjæra. De fulgte den gjennom landsbyen, over engene, og inn i den tette skogen. Fuglen ledet dem på en vill jakt, svingte inn og ut mellom trærne, fløy høyere og høyere til den til slutt forsvant inn i en stor, gammel eik.

Da de kom til eiketreet, så Marius og Ingrid opp og så skjæra høyt oppe i grenene, med sølvnøkkelen dinglende fra nebbet.

"Hvordan skal vi få den ned derfra?" undret Ingrid.

Marius klødde seg i hodet og tenkte hardt. Så, med et lurt smil, sa han: "Jeg har en idé. Hva om vi lurer skjæra til å tro at vi har noe enda blankere enn nøkkelen?"

Ingrid nikket ivrig. "Men hva kan være blankere enn den nøkkelen?"

Marius rotet rundt i lommene sine og trakk frem et lite, rundt speil som han hadde funnet på et av sine tidligere eventyr. Han holdt det opp så det fanget sollyset, og reflekterte en lysende, blendende stråle rett inn i skjæras rede.

Skjæras øyne utvidet seg ved synet av det skinnende speilet. Den slapp nøkkelen, som landet mykt i gresset nedenfor, og stupte ned, ivrig etter å snappe opp den nye skatten. Men akkurat idet den nådde speilet, gled Marius det raskt tilbake i lommen sin.

"For treg!" lo Marius mens skjæra slapp ut en misfornøyd krah og fløy tilbake til redet sitt, skuffet.

Med nøkkelen trygt tilbake i deres besittelse, satte Marius og Ingrid seg ned for å undersøke den nærmere. De la merke til at ett av symbolene på nøkkelen matchet et utskjæring de hadde sett på en gammel steindør dypt inne i skogen, en dør som ingen hadde klart å åpne så lenge noen kunne huske.

"Hva om denne nøkkelen åpner den døren?" foreslo Ingrid, med stemmen full av undring.

"Det er bare én måte å finne det ut på," svarte Marius, allerede på bena og klar til å gå.

De skyndte seg gjennom skogen, fulgte de svingete stiene til de nådde steindøren. Marius satte nøkkelen i låsen og, med et dypt pust, dreide den rundt. Døren knirket opp, og avslørte et skjult kammer fylt med de mest ekstraordinære skatter—eldgamle bøker, glitrende edelstener og mystiske gjenstander fra lenge siden.

Marius og Ingrid kunne ikke tro sine egne øyne. De hadde oppdaget en hemmelighet som hadde vært skjult rett i deres egen landsby, en som hadde ventet i århundrer på å bli avslørt.

Mens de utforsket kammeret, fant de en liten, støvete bok med tittelen Skjærens Hemmeligheter. Inni forklarte boken at skjæra ikke var en hvilken som helst fugl, men en vokter av skattene, ansvarlig for å holde dem trygge til den rette personen kom for å låse opp døren.

"Det ser ut til at den skjæra ikke var så lurvete likevel," sa Ingrid med et smil.

"Eller kanskje den visste at vi var de rette til å finne skatten," la Marius til.

Fra den dagen av, ble Marius og Ingrid landsbyens yngste oppdagere, og avslørte flere hemmeligheter og løste flere mysterier enn noen andre. Og når det gjelder skjæra, ble den deres faste følgesvenn, alltid med et øye på dem fra trærne over, klar til å lede dem på deres neste eventyr.

Marius and the Magpie

Once upon a time, in a small village nestled between the tall mountains and the deep blue fjords of Norway, lived a boy named Marius. Marius was a curious and clever boy, known throughout the village for his love of adventure and his knack for getting into mischief. He had a head full of wild ideas, a heart full of courage, and a best friend named Ingrid who was just as daring as he was.

One sunny morning, as Marius was exploring the woods near his home, he heard a strange rustling sound coming from the bushes. Being the inquisitive boy that he was, Marius couldn't resist investigating. He pushed aside the branches and discovered a large, shiny object half-buried in the ground.

"What on earth is this?" Marius wondered aloud as he pulled the object free. It was a magnificent silver key, glittering in the sunlight. But it wasn't just any key—this one had intricate designs carved all over it, with tiny symbols that Marius had never seen before.

Just as Marius was about to show the key to Ingrid, a loud caw echoed through the trees. Startled, Marius looked up to see a magpie swooping down towards him. The bird, with its glossy black and white feathers, landed right on Marius's shoulder and cocked its head curiously at the key in his hand.

"Hello there," Marius said, trying to keep his voice steady. He had heard stories about magpies—how they loved shiny things and were always getting into trouble. "What do you want with this key?"

The magpie cawed again, as if answering him, and then, quick as a flash, it snatched the key out of Marius's hand and flew off into the sky.

"Hey! Come back here!" Marius shouted, but the magpie was already a speck in the distance.

Determined to get the key back, Marius sprinted through the village, calling for Ingrid. He found her by the old mill, trying to catch frogs by the stream.

"Ingrid! You won't believe what just happened!" Marius panted, out of breath from running. He quickly explained how he had found the mysterious key and how the magpie had stolen it.

"A magpie, you say?" Ingrid said, her eyes widening with excitement. "This sounds like the start of an adventure!"

The two friends immediately set off in pursuit of the magpie. They followed it through the village, across the fields, and into the dense forest. The bird led them on a wild chase, darting in and out of the trees, flying higher and higher until it finally disappeared into a large, ancient oak.

When they reached the oak tree, Marius and Ingrid looked up to see the magpie perched high in the branches, the silver key dangling from its beak.

"How are we supposed to get it down from there?" Ingrid wondered.

Marius scratched his head, thinking hard. Then, with a mischievous grin, he said, "I've got an idea. What if we trick the magpie into thinking we have something even shinier than the key?"

Ingrid nodded eagerly. "But what could be shinier than that key?"

Marius rummaged through his pockets and pulled out a small, round mirror that he had found on one of his previous adventures. He held it up so that it caught the sunlight, reflecting a bright, dazzling beam right into the magpie's nest.

The magpie's eyes widened at the sight of the shiny mirror. It dropped the key, which landed softly in the grass below, and swooped down, eager to snatch up the new treasure. But just as it reached the mirror, Marius quickly slipped it back into his pocket.

"Too slow!" Marius laughed as the magpie let out a disgruntled caw and flew back to its nest, disappointed.

With the key safely back in their possession, Marius and Ingrid sat down to examine it more closely. They noticed that one of the symbols on the key matched a carving they had seen on an old stone door deep within the forest, a door that no one had been able to open for as long as anyone could remember.

"What if this key opens that door?" Ingrid suggested, her voice filled with wonder.

"Only one way to find out," Marius replied, already on his feet and ready to go.

They hurried through the forest, following the winding paths until they reached the stone door. Marius inserted the key into the lock and, with a deep breath, turned it. The door creaked open, revealing a hidden chamber filled with the most extraordinary treasures—ancient books, sparkling gems, and mysterious artifacts from long ago.

Marius and Ingrid couldn't believe their eyes. They had discovered a secret hidden right in their own village, one that had been waiting for centuries to be uncovered.

As they explored the chamber, they found a small, dusty book titled The Secrets of the Magpie. Inside, the book explained that the magpie was not just any bird but a guardian of the treasures, tasked with keeping them safe until the right person came along to unlock the door.

"Looks like that magpie wasn't so mischievous after all," Ingrid said with a smile.

"Or maybe it knew we were the right ones to find the treasure," Marius added.

From that day on, Marius and Ingrid became the village's youngest explorers, uncovering more secrets and solving more mysteries than anyone else. And as for the magpie, it became their constant companion, always keeping an eye on them from the trees above, ready to lead them on their next adventure.